BEI GRIN MACHT SICH IHR
WISSEN BEZAHLT

Big Data und Künstliche Intelligenz. Predictive Maintenance, IoT, Hyperintelligenz und KI im Alltag

Florian Wokurek

Bibliografische Information der Deutschen Nationalbibliothek:

Die Deutsche Nationalbibliothek verzeichnet diese Publikation in der
Deutschen Nationalbibliografie; detaillierte bibliografische Daten sind
im Internet über http://dnb.d-nb.de abrufbar.

ISBN: 9783346776495
Dieses Buch ist auch als E-Book erhältlich.

© GRIN Publishing GmbH
Trappentreustraße 1
80339 München

Druck und Bindung: Books on Demand GmbH, Norderstedt Germany
Gedruckt auf säurefreiem Papier aus verantwortungsvollen Quellen

Das Buch bei GRIN: https://www.grin.com/document/1301060

Projektarbeit:

Big Data & Künstliche Intelligenz

Studiengang: MBA Digital Transformation

LV / Modul: Big Data & Künstliche Intelligenz

Name: Ing. Florian Wokurek, BSc

Datum: 01.07.2022

Inhaltsverzeichnis

Abkürzungsverzeichnis

IoT *Internet of Things*

KI *Künstliche Intelligenz*

NLP *Natural Language Processing*

ROI *Return on Investment*

1 Einleitung

In dieser Hausarbeit im Rahmen der Lehrveranstaltung Big Data und Künstliche Intelligenz gilt es Potenziale und Ansätze zur Implementierung von KI-Applikationen aufzuzeigen und nachfolgende Aufgabenstellungen zu bearbeiten.

1.1 Aufgabenstellung

In dieser Aufgabe werden mehrere Fragestellungen rund um das Thema Big Data und Künstliche Intelligenz bearbeitet. Zuerst wird auf Precictive Maintenance eingegangen, gefolgt vom Einsatz von IoT in der Lagerlogistik. Anschließend wird der Begriff Hyperintelligenz definiert und dessen Realisierung abgesteckt. Danach wird der Begriff Künstliche Intelligenz definiert und dessen Anwendungsbeispiele analysiert. Zuletzt wird auf eine erfolgreiche Implementierung von Künstlicher Intelligenz im Beispiel-Unternehmen eingegangen und die Erfolgskriterien hierfür dargelegt.

1.2 Zielsetzung

Ziel dieser Hausarbeit ist es, sich vertiefend mit den Themen Big Data und Künstliche Intelligenz auseinanderzusetzen. Im Zuge dessen gilt es verschiedene Aufgabenstellungen passend zum Thema zu bearbeiten. Es sollen hierbei die Lerninhalte der Lehrveranstaltung genutzt, aber auch durch Recherche das eigene Wissen erweitert werden.

2 Predictive Maintenance

2.1 Angabe

Ein mittelgroßes Unternehmen baut MRT-Geräte und sammelt hierbei im Herstellungsprozess Maschinendaten und deren Parameter. Diese Daten werden über ein Excel-Format in eine zentrale Datenbank übertragen, allerdings weder analysiert noch ausgewertet. Derzeit haben Mechaniker*innen Rufbereitschaft, um ausgefallene Maschinen schnellstmöglich zu reparieren. Hierdurch müssen diese ihre derzeitigen Tätigkeiten häufig unterbrechen. Dies führt zu eine Effizienz- und Produktivitätsverlust.

2.2 Allgemein

So oder so ähnlich ergeht es zahlreichen anderen Unternehmen. In etwa beschreiben 90 Prozent der Unternehmen in Deutschland ihren Instandhaltungsprozess als wenig effizient. Predictive Maintenance wirkt hier durch die Nutzung von Künstliche Intelligenz, kann Instandhaltungskosten um bis zu 45 Prozent senken und bietet hierdurch allein in Deutschland ein Potenzial von 120 Milliarden Euro. Im Durchschnitt verursacht ein Stillstand von fünf Minuten Kosten in Höhe von 100.000 Euro. Allein dies zeigt auf, dass es Stillstände zu minimieren oder im besten Fall noch vor ihrem Eintritt zu erkennen und vermeiden gilt.[1]

2.3 Arten der Instandhaltung

Oben genanntes Unternehmen betreibt reaktive Instandhaltung, bei der Instandhaltungsmaßnahmen ausschließlich nach einem Ausfall der Maschine durchgeführt werden. Hierbei handelt es sich um die ineffizienteste Methode der Instandhaltung. Effizienter ist hierbei bereits die präventiv periodische Instandhaltung, bei welcher Maßnahmen in festgelegten Intervallen durchgeführt werden. Dasselbe gilt für die präventiv zustandsbasierte Instandhaltungsstrategie, die auf Erkennung von Anzeichen setzt. Den State of the Art stellt derzeit die vorausschauende Instandhaltung, auch Predictive Maintenance genannt, dar. Hierbei werden Instandhaltungsmaßnahmen vorhergesagt und proaktiv zum richtigen Zeitpunkt umgesetzt. Ungeplante Ausfälle werden hierdurch minimiert, die Liefertermintreue verbessert und Lagerbestände reduziert.[2]

---

[1] Vgl. Schuh u.a. (2020) S. 5.
[2] Vgl. Schuh u.a. (2020) S. 7 ff.

2.4 Predictive Maintenance

Die vorausschauende Instandhaltung bau auf der zustandsorientierten Instandhaltung auf. Während bei der zustandsorientierten Instandhaltung abgewartet wird bis ein gewisser Schwellwert überschritten wird um anschließend zu handeln, versucht die vorausschauende Instandhaltung die Überschreitung des Schwellwertes basierend auf gesammelten Daten aus Sensoren und Parametern zu erahnen. Hierdurch soll ein optimaler Wartungszeitpunkt bestimmt werden.[3]

Um die Überschreitung eines Schwellwertes bestimmen zu können, werden Daten aus dem Produktionsprozess wiederholt und fortlaufend analysiert. Eine Veränderung von Parametern wird hierbei als Verschleiß gewertet. Mittels statistischer und mathematischer Methoden werden historische Daten auf Muster und Beziehungen untersucht. Da nicht alle Zusammenhänge bekannt sind, übernimmt Data Mining im Zuge der Analyse eine wichtige Rolle, um auch Beziehungen und Zusammenhänge in komplexen Systemen aufspüren zu können. Hierzu kommt unüberwachtes Lernen zum Einsatz, um in etwa unbekannte Muster und Anomalien mittels Clustering oder Assoziationsregeln erkennen zu können. Überwachtes Lernen kommt zum Einsatz, sobald eine Zielgröße bekannt ist.[4]

2.5 Voraussetzungen für Predictive Maintenance

Um Predictive Maintenance einsetzen zu können, muss eine umfangreiche und qualitativ hochwertige Datenlage existieren. Um Daten sammeln zu können muss hochleistungsfähige Sensorik zum Einsatz kommen. Diese kann bereits in Maschinen integriert sein oder bei Bedarf nachgerüstet werden (Retrofit). Zudem ist eine hohe Rechenkapazität zur Berechnung der intelligenten Algorithmen notwendig. Hierbei muss die Rechenkapazität allerdings nicht zwingend Inhouse existent sein, sondern es kann eine Kombination aus Edge-Computing und Cloud-Computing zurückgegriffen werden.[5]

Dennoch sollte bei der Umsetzung eines derartigen Projekts der Implementierungsaufwand und auch die damit verbundene Komplexität nicht unterschätzt werden.[6]

---

[3] Vgl. Zhai/Reinhart (2018) S. 299.
[4] Vgl. Wöstmann u.a. (2017) S. 524 f.
[5] Vgl. Zhai/Reinhart (2018) S. 299.
[6] Vgl. Wöstmann u.a. (2017) S. 527.

2.6 Vorteile von Predictive Maintenance

Die Umstellung auf Predictive Maintenance hat großen Einfluss auf den derzeitigen Instandhaltungsprozess des MRT-Geräte-Herstellers. Durch die Umstellung wird es für Mechaniker*innen nicht mehr notwendig sein, auf Rufbereitschaft zur Verfügung zu stehen. Hierdurch können diese ihren Aufgaben nachgehen, ohne diese plötzlich unterbrechen zu müssen. Das Resultat ist ein effektiverer Einsatz des Personals. Dies wirkt sich positiv auf den Workflow aus und steigert die Effizienz. Ungeplante Stillstände, Maschinenausfälle oder gar schwerwiegende und kostspielige Folgeschäden können durch einen optimalen Wartungszeitpunkt vermieden werden. Zudem wird hierdurch die Produktion nicht beeinflusst. Auch die Planung der Ersatzteilbeschaffung wird durch Predictive Maintenance positiv beeinflusst.[7]

---

[7] Vgl. Weinzierl (2021).

3 IoT in der Lagerlogistik

3.1 Angabe

Der Einsatz von Künstlicher Intelligenz in der Instandhaltung überzeugt auch andere Abteilungen in besagtem Unternehmen. Nun wird auch ein Ansatz von IoT in der Lagerlogistik angedacht. Hierdurch soll der Automatisierungsgrad erhöht und die Kosten deutlich reduziert werden.

3.2 Vor- & Nachteile

Durch die Vernetzung von verschiedenen Softwaresystemen wie ERP, Warehouse Management, Hochregallager und weitere Systeme, lassen sich Abläufe in der Lagerlogistik optimieren und effizienter gestalten. In der Regel werden in der Logistik auf zahlreiche Software-Lösungen gesetzt, die fortlaufend Daten generieren. Diese können in etwa genutzt werden, um den Materialfluss zu optimieren und unterstützen dabei, Daten- und Warenströme sichtbar, verständlicher und schneller zu machen. Zudem ist eine Vernetzung direkt mit den Produktionsmaschinen möglich. Erkennt eine Produktionsanlage in etwa, dass das Material zur Produktion knapp wird, ordert diese automatisiert Nachschub nach. Das Logistiksystem organisiert sich ohne menschliches Zutun selbst. Prozesse werden hierdurch effizienter, aber auch störungsfreier, ein Eingreifen des Menschen ist nur noch in Problemfällen notwendig, die Abhängigkeit von Personal sinkt.[8]

Als Nachteil können hier die hohen Initialisierungskosten genannt werden. Zwar sind automatisierte Abläufe ohne menschliches Zutun klar kostengünstiger, der Weg dorthin aber eben kostenintensiv. Auch fortlaufende Wartungs- und Energiekosten müssen betrachtet werden. Eine detaillierte Wirtschaftlichkeitsrechnung ist demnach obligatorisch, um in etwa den ROI und Payback einer derartigen Anschaffung berechnen zu können.[9]

3.3 Chancen & Risiken

Mitarbeiter*innen sehen in der Automatisierung häufig die Gefahr des Jobverlusts, da diese erwarten durch eine Maschine ersetzt zu werden. Hier gilt es frühzeitig mit den Betroffenen zu kommunizieren und deren Akzeptanz zu steigern. Fehlende Kooperation und Akzeptanz bringen Automatisierungskonzepte schnell zum Scheitern. Dabei gilt es in etwa zu erwähnen, dass Automatisierung auch zur

---

[8] Vgl. Logistik Knowhow (2019).
[9] Vgl. Hartmann (2021)

Entlastung der Mitarbeiter*innen beiträgt und repetitive, sowie schwere Tätigkeiten reduziert. Auch die Erhöhung der Arbeitssicherheit stellt eine Chance dar. Aus der unternehmerischen Perspektive ergeben sich die Erhöhung der Wettbewerbsfähigkeit, der Prozessoptimierung und der Erhöhung der Effizienz sowie Senkung der Personalkosten als Chancen. Gleichzeitig besteht allerdings auch das Risiko einer zu hohen Kapitalbindung, das Scheitern des Projekts durch fehlende Akzeptanz und die Abwanderung von Mitarbeiter*innen.[10]

---

[10] Vgl. Hartmann (2021)

4 Hyperintelligenz

Das IEEE Technical Committee on Hyper-Intelligence beschreibt Hyperintelligenz als eine höhere superintelligente Fähigkeit, die zur Bewältigung komplexer Aufgaben eingesetzt wird. Als Beispiel werden von dem Komitee Menschen mit außergewöhnlichen intellektuellen Fähigkeiten angeführt. Besagt Menschen sollen in der Lage sein, die schwierigsten Probleme der Welt zu lösen. Das Komitee sieht hyperintelligente System auf dem Vormarsch und nennt als Beispiele die Schachspiel-KI AlphaZero, selbstfahrende Fahrzeuge, autonome Waffen, automatisierte Arzneimittelentdeckung und intelligente Städte. Es wird aber auch festgehalten, dass die Umgestaltung und Revolutionierung der Welt erst beginnen.[11]

Der Experience Intelligence Lead von Accenture, Wade Moss, versteht unter Hyperintelligenz die Befähigung des Menschen mit Künstlicher Intelligenz zusammenzuarbeiten. Hierdurch soll die menschliche Intelligenz, Innovationsfähigkeit und Vorstellungskraft durch den Einsatz von Technologie befähigt, verbessert und erweitert werden.[12]

Futurologen wie Vernor Vinge und Nick Bostrom sehen in Hyperintelligenz das größte Überlebensrisiko der Menschheit. Das Risiko besteht hierbei vor allem dann, wenn Computer nach dem Vorbild des menschlichen Gehirns gebaut und zudem mit entsprechenden Machtmitteln ausgestattet werden. Thomas Grüter hält hierbei allerdings fest, dass eine dem Menschen hochüberlegene Fähigkeit nicht auch automatisch eine Bedrohung darstellen muss. Um es bildlich auszudrücken: übermenschlich intelligente Computer sind genauso eine Bedrohung wie übermenschlich starke Baumaschinen.[13]

James Lovelook hat dem Thema Hyperintelligenz sogar ein ganzes Buch gewidmet und hält die Entstehung dieser als äußerst wahrscheinlich, sie soll zudem das auf das Anthropozän folgende Zeitalter, das Novozän, einläuten. Lovelook prognostiziert, das in Zukunft der Planet Erde neben dem Menschen auch von Cyborgs bevölkert sein wird. Dies hört sich nach Science-Fiction an, allerdings galt auch das Flugzeug, Fusions-Reaktoren oder der Sprachassistent lange Zeit als utopisch. Dem gegenüber steht Amara's Gesetz, welches besagt, dass Auswirkungen technologischer

---

[11] Vgl. IEEE Technical Committee on Hyper-Intelligence (2021)
[12] Vgl. Moss (2020)
[13] Vgl. Grüter (2011) S. 287 f.

Entwicklungen kurzfristig meist über-, langfristig aber unterschätzt werden. Zudem ist Innovation ein gradueller Prozess, der in der Regel durch Widerstände aufgehalten oder verzögert wird. Künstliche Intelligenz wird zudem zumindest derzeit noch überschätzt. Denn die derzeit existierende schwache KI arbeitet auf der stochastischen Ebene und nur entlang eines Auftrags oder einer spezifischen Problemstellung.[14]

---

[14] Vgl. Prollius (2021)

5 Künstliche Intelligenz im Alltag

5.1 Definition Künstliche Intelligenz

Künstliche Intelligenz hat das Ziel Computer in die Lage zu versetzen, Aufgaben zu lösen, wozu normalerweise nur der Mensch im Stande ist bzw. menschliche Intelligenz benötigt wird. Es wird also das Ziel verfolgt, menschliches Denken und Lernen an einen Computer zu übertragen. Die Technologie wird in der Regel in Starke und Schwache KI unterteilt. Während eine Starke KI eine menschenähnliche Intelligenz sowie einen eigenen Willen und ein eigenes Bewusstsein aufweist, können Schwache KI nur in ihrem zuvor abgesteckten Bereich agieren. Derzeit kommt Schwache KI vor allem im Bereich des Maschinellen Lernens, es Deep Learning, der Klassifikation, Computer Vision und Chatbots zum Einsatz.[15]

Im Folgenden gilt es zu bewerten, bei welchen Technologien tatsächlich Künstliche Intelligenz zum Einsatz kommt.

5.2 Autonom fahrendes Auto

Das Fahren mit einem Auto kann in fünf Ebenen geteilt werden, wobei diese von manuell bis autonom reichen. Autonomes Fahren stellt die höchste Stufe dar, ein Zutun des Menschen ist hierbei in keiner Situation notwendig, auf Pedale oder auch ein Lenkrad könnte zumindest theoretisch verzichtet werden. Mit jeder Eben steigen aber auch die Anforderungen exponentiell. Eine Künstliche Intelligenz muss in der Lage sein, durch eine Vielzahl an unterschiedlichen Sensoren die Umgebung wahrnehmen zu können, um in Echtzeit Handlungen zu setzen. Es müssen Straßen, Verkehrszeichen aber auch andere Verkehrsteilnehmer erkannt, und hierauf angemessen reagiert werden. Neben einer hohen Rechenleistung wird auch eine gewisse Redundanz und Robustheit der KI benötigt. Doch nicht nur technische Herausforderung existieren, auch moralische Problemstellungen müssen von der KI bestmöglich gelöst werden.[16]

5.3 Smarte Heizung

Ob das Heizungssystem auf Künstliche Intelligenz angewiesen ist, kann aufgrund der Angabe nicht exakt gesagt werden. In etwa wäre es auch möglich, ein derartiges System regelbasiert zu gestalten bzw. gewisse Szenarien fest einzuprogrammieren. Eine Regel könnte in etwa besagen, dass Eigentümer*innen des Hauses Werktags bis

---

[15] Vgl. IONOS Digitalguide (2022)
[16] Vgl. Eymann (2019)

17 Uhr arbeiten, das System beginnt zu dieser Uhrzeit zu heizen. Das Heizungssystem könnte durch den Einsatz einer schwachen KI aber auch weitaus intelligenter gestaltet werden. Durch Machine Learning kann ein selbstlernendes System entwickelt werden. In etwa können historische Daten der Nutzungsgewohnheit in Kombination mit Sensoren und dem Wetterbericht genutzt werden, um vorausschauend handeln zu können.[17]

5.4 Autonome Lebensmittellieferung

Bei der autonomen Lebensmittellieferung kommt sehr wahrscheinlich eine schwache KI zum Einsatz. Der Kühlschrank setzt Computer Vision ein, um im Kühlschrank befindliche Produkte zu erkennen und fehlende Produkte nachzufordern. Zudem lernt der Kühlschrank dank Machine Learning die Gewohnheiten der Menschen kennen und kann hierdurch rechtzeitig Bestellungen bei Lebensmittellieferanten auslösen. In Verbindung mit einer Rezept-Datenbank, kann der Kühlschrank auch Vorschläge und Koch-Ideen basierend auf den vorhandenen Zutaten liefern.[18]

5.5 Bewegungsmelder

Bei einem Bewegungsmelder handelt es sich eindeutig nicht um eine Anwendung, bei der KI vonnöten wäre. Die Bewegungsmelder basieren zumeist auf simpler Infrarot-Technologie, welche genutzt wird, um Bewegungen des Menschen zu erkennen.[19]

Durchaus denkbar wäre aber, dass künftig weiterentwickelte System zum Einsatz kommen, die auf Künstliche Intelligenz setzen. In etwa könnte eine KI ein Bewegungsmuster erkennen und das Licht in einer Räumlichkeit bereits einschalten, noch bevor eine Bewegung durch einen Bewegungsmelder erkannt werden würde.

5.6 Automatisierte Rollläden

Auch bei automatisierten Rollläden handelt es sich nicht um ein System, welches auf Künstliche Intelligenz angewiesen wäre. Das System ist meist regelbasiert und mit einem Smart Home verknüpft. Durch vordefinierte Uhrzeiten oder durch den Einsatz von Sensorik können die Rollläden zu einem vordefinierten Zeitpunkt herunter bzw. auch hochgefahren werden.[20]

---

[17] Vgl. Lücke (2020)
[18] Vgl. Schesswendter (2021)
[19] Vgl. Hager Vertriebsgesellschaft GmbH (o.J.)
[20] Vgl. Infineon Technologies AG (o.J.)

5.7 Chatbot

Damit Computer mit Menschen bzw. von Menschen eingegebene Textnachrichten kommunizieren können kommt Künstliche Intelligenz zum Einsatz. Genauer gesagt, handelt es sich hierbei um Natural Language Processing (NLP), welches in das Verstehen der Texte (Natural Language Understanding) und in die Generierung von Texten (Natural Language Generation) unterteilt werden kann. Derzeit sind die meistens Chatbots aber noch stark eingeschränkt, da diese auf ihr Anwendungsgebiet eingegrenzt sind. Zudem sind nach wie vor Chatbots im Umlauf, welche regelbasiert arbeiten und demnach nicht von einer KI unterstützt werden.[21]

---

[21] Vgl. Försch (2020)

6 KI-Implementierung im Beispiel-Unternehmen

Beim Unternehmen stAPPtronics GmbH handelt es sich um ein junges Medizintechnik-Unternehmen, welches es sich zum Ziel gesetzt hat, den menschlichen Gang zu objektivieren. Hierzu kommt eine intelligente Einlegesohle zum Einsatz, welche sowohl eine Drucksensorik als auch Sensoren wie Beschleunigungssensor und Gyroskop beinhaltet. Diese Daten werden in Verbindung mit einer Smartphone-App oder einer Desktop-Anwendung genutzt, um den menschlichen Gang abbilden und analysieren zu können. Angewendet wird das System im klinischen als auch rehabilitativen Bereich.

In besagtem Unternehmen wurde bereits Künstliche Intelligenz in Form des Maschinellen Lernens erfolgreich implementiert. Maschinelles Lernen wird hierbei genutzt, um die Auswerte-Algorithmen zu verbessern. Es werden umfangreiche Datenmengen analysiert, um in etwa eine exaktere Schritterkennung oder eine genauere Abbildung anderer Gangparameter sicherzustellen. Zudem wird eine KI genutzt um das Verhalten der*des Träger*Trägerin zu analysieren und hierdurch bessere Prognosen über den Heilungsverlauf zu ermöglichen.

Als wesentliches Erfolgskriterium für die erfolgreiche Implementierung können die Mitarbeiter*innen des Unternehmens angesehen werden. Schließlich müssen diese über ausreichend Wissen und Kompetenz verfügen, um eine derartige Technologie anwenden und entwickeln zu können. Ein weiteres wichtiges Erfolgskriterium für die erfolgreiche Implementierung war die Datenlage. Historische Daten standen auf Grund von hunderten qualitativ hochwertigen Aufzeichnungen zur Verfügung. Zudem werden fortlaufend mit jedem System weitere neue Daten gewonnen. Auch unternehmerische und organisatorische Aspekte stellten wesentliche Erfolgskriterien dar.

7 Literaturverzeichnis

Eymann, G. (2019): Künstliche Intelligenz und autonomes Fahren, bezogen unter: https://www.vdi.de/news/detail/kuenstliche-intelligenz-und-autonomes-fahren, Zugriff am: 01.07.2022

Försch, M. (2020): Chatbots und Künstliche Intelligenz: Was ist heute schon möglich?, in: Alexander Thamm GmbH, 19.10.20, bezogen unter: https://www.alexanderthamm.com/de/blog/chatbots-und-kuenstliche-intelligenz-hype-um-chatbots/, Zugriff am: 01.07.2022

Grüter, T. (2011): Klüger als wir? Auf dem Weg zur Hyperintelligenz, Heidelberg: Spektrum Akademischer Verlag

Hager Vertriebsgesellschaft GmbH (o.J.): Alles über Bewegungs- und Präsenzmelder, bezogen unter: https://hager.com/de/wissen/e-volution/fachwissen-elektrotechnik/bewegungs--und-praesenzmelder, Zugriff am: 30.06.2022

Hartmann, C. (2021): Automatisches Lager: Vor- und Nachteile | viaLog Logistik, bezogen unter: https://vialog-logistik.com/2021/10/voll-automatisierung-im-lager-vorteile-nachteile-und-loesungsansaetze/, Zugriff am: 30.06.2022

IEEE Technical Committee on Hyper-Intelligence (2021): Aim and Scope, bezogen unter: https://ieee-hyperintelligence.org/, Zugriff am: 26.06.2022

Infineon Technologies AG (o.J.): Smart Home: Definition, Technik, Sicherheit - Infineon Technologies, bezogen unter: https://www.infineon.com/cms/de/discoveries/smart-home-basics/, Zugriff am: 30.06.2022

IONOS Digitalguide (2022): Faszination KI: Was ist künstliche Intelligenz?, bezogen unter: https://www.ionos.at/digitalguide/online-marketing/verkaufen-im-internet/was-ist-kuenstliche-intelligenz/, Zugriff am: 01.07.2022

Logistik Knowhow (2019): Das Internet der Dinge (IoT) und die Intralogistik, in: Dr. Thomas + Partner GmbH & Co. KG, 13.06.19, bezogen unter: https://logistikknowhow.com/it-und-software/das-internet-der-dinge-iot-und-die-intralogistik/, Zugriff am: 25.06.2022

Lücke, N. (2020): Selbstlernende Heizungssteuerung handelt vorausschauend, in: ingenieur de - Jobbörse und Nachrichtenportal für Ingenieure, 31.01.20,

bezogen unter:
https://www.ingenieur.de/technik/fachbereiche/energie/selbstlernende-heizungssteuerung-handelt-vorausschauend/, Zugriff am: 01.07.2022

Moss, W. (2020): HYPER-INTELLIGENCE: Intelligent Shift In Finance, in: DataDrivenInvestor, 28.05.20, bezogen unter: https://medium.datadriveninvestor.com/hyper-intelligence-intelligent-shift-in-finance-9262d3430cde, Zugriff am: 26.06.2022

Prollius, M. (2021): Spekulationen über Hyperintelligenz, bezogen unter: https://www.zwanzigsechsundsiebzig.de/spekulationen-ueber-hyperintelligenz/, Zugriff am: 26.06.2022

Schesswendter, R. (2021): Amazon: Neuer Smarter Kühlschrank kennt Gewohnheiten und bestellt automatisch, in: t3n Magazin, 06.10.21, bezogen unter: https://t3n.de/news/amazon-smarter-kuehlschrank-project-pulse-essen-einkaufen-tracking-1413952/, Zugriff am: 01.07.2022

Schuh, G. / Kelzenberg, C. / Lange, J. de / Busch, M. / Stracke, F. / Frey, C. (2020): Predictive Maintenance. Entwicklung vorausschauender Wartungssysteme für Werkzeugbaubetriebe und Serienproduzenten, in: WerkPriMa, S. 1–44, bezogen unter: https://www.researchgate.net/profile/Max-Busch/publication/344252744_Predictive_Maintenance_-_Entwicklung_vorausschauender_Wartungssysteme_fur_Werkzeugbaubetriebe_und_Serienproduzenten/links/5f60dc26299bf1d43c05cf0d/Predictive-Maintenance-Entwicklung-vorausschauender-Wartungssysteme-fuer-Werkzeugbaubetriebe-und-Serienproduzenten.pdf

Weinzierl, S. (2021): Predictive Maintenance - der große Überblick, in: Alles rund um die effiziente Instandhaltung, 19.10.21, bezogen unter: https://www.instandhaltung.de/instandhaltung-4-0/predictive-maintenance/predictive-maintenance-der-grosse-ueberblick-101.html#vorteile, Zugriff am: 24.06.2022

Wöstmann, R. / Strauss, P. / Deuse, J. (2017): Predictive Maintenance in der Produktion, in: wt Werkstattstechnik online, 107/07-08, S. 524–529

Zhai, S. / Reinhart, G. (2018): Predictive Maintenance als Wegbereiter für die instandhaltungsgerechte Produktionssteuerung, in: Zeitschrift für wirtschaftlichen Fabrikbetrieb, 113/5, S. 298–301, bezogen unter:

https://www.degruyter.com/document/doi/10.3139/104.111912/html

BEI GRIN MACHT SICH IHR WISSEN BEZAHLT

- Wir veröffentlichen Ihre Hausarbeit, Bachelor- und Masterarbeit

- Ihr eigenes eBook und Buch - weltweit in allen wichtigen Shops

- Verdienen Sie an jedem Verkauf

Jetzt bei www.GRIN.com hochladen und kostenlos publizieren